Stell Dir vor:

Vor 600 Jahren gab es noch keine Computer und keine Handys. Nicht einmal Autos gab es und auch keine Maschinen. Der Buchdruck war noch nicht erfunden.

Die Leute mussten noch alles mit der Hand schreiben. Wenn sie überhaupt lesen und schreiben konnten! Das beherrschten nur ganz wenige!

Aber sie konnten so schöne und große Kirchen bauen wie das Ulmer Münster. Wie sie das gemacht haben und warum, das erfährst Du, wenn Du mit uns auf die Reise durch das Ulmer Münster gehst.

Dafür müssen wir uns erst einmal umziehen. Denn wir machen einen großen Sprung in der Geschichte zurück. Vor über 600 Jahren hat man solche Kleider getragen.

Nun aber los! Wir wollen Dir zeigen, wo und wie alles angefangen hat. Komm einfach mit!

Kapitel 1

Der erste Stein für das Münster wird gelegt

Man schreibt den **30. Juni 1377.**
Die Ulmer Bürger sind früh aufgestanden an diesem Sommermorgen. Sie sind sehr aufgeregt! Es wird ein großer Tag werden heute, das spüren alle!
Sie ziehen ihre besten Kleider an und versammeln sich auf dem großen Platz, den man extra frei geräumt hat.
Vorher standen da noch Häuser. Die mussten abgerissen und an anderer Stelle wieder errichtet werden. Denn hier wollen die Ulmer ihre neue Kirche bauen. Nah bei dem prächtigen Kaufhaus, das sie später zu ihrem Rathaus umbauen werden. Groß soll sie werden und schön! Höher und prächtiger als alle Kirchen, die sie je gesehen haben.

Ulm ist in den vergangenen Jahren zu einer **reichen Stadt** geworden. Der Handel mit einem Stoff, der aus einer Mischung von Leinen und Baumwolle gewebt und ebenso fein wie robust ist, hat Geld in die Kassen gebracht. Es heißt sogar: „Ulmer Geld regiert die Welt!“

Mit dem Neubau wollen die Ulmer zeigen: Schaut her, wir können uns das leisten! Zwanzigtausend Menschen sollen darin im Stehen Platz finden.
Die Stadt zählt damals gerade einmal achttausend Einwohner. Die neue Kirche wäre also dreimal so groß, wie sie eigentlich gebraucht würde. Aber die Ulmer sind nicht nur stolze, sondern auch fromme Leute. Sie wollen ihr Münster vor allem zur Ehre Gottes so groß und so schön bauen, wie sie nur können.
Aber noch ist hier nur ein tiefes Loch zu sehen.

Ein Mann steigt in die Grube hinunter. Um seine Jacke trägt er einen schweren Gürtel. Daran hängt ein Beutel mit vielen Silbermünzen darin.
Lutz Krafft ist der Name des edlen Herrn. Bis vor kurzem ist er der Bürgermeister von Ulm gewesen. Nun hat er sein Amt an seinen Nachfolger weitergegeben. Deshalb heißt er der „alte" Bürgermeister. Trotzdem darf er den ersten Stein für die neue Kirche legen. Denn er hat sich sehr dafür eingesetzt, dass sie gebaut wird.
Ohne Lutz Krafft gäbe es sie nicht!

Nun ist es keineswegs so, dass die Ulmer vor dem Münster noch kein Gotteshaus gehabt hätten! Es gibt zahlreiche Klöster in der Stadt. Dort versammeln sich vor allem die Mönche oder Nonnen zum Gottesdienst. Auch eine Pfarrkirche für die Bürger von Ulm gibt es. Aber sie steht vor den Mauern der Stadt, mitten auf dem Feld. Solange Frieden herrscht und keine Gefahr droht, ist es ein schöner Spaziergang zu ihr hinauszuwandern. Aber es geht in jener Zeit nicht immer friedlich zu in Ulm und um Ulm herum.

Die Belagerung von Ulm

Das Bild zeigt die Truppen von Kaiser Karl IV. bei der Belagerung von Ulm im Jahr 1376.

Der Kampf um die Freiheit

Im Jahr vorher, also 1376, haben sich 14 schwäbische Städte unter der Führung von Ulm zusammengeschlossen. Als „**freie Reichsstädte**“ unterstehen sie keinem Landesfürsten, sondern direkt dem Kaiser. Ihre Unabhängigkeit wollen sie gemeinsam verteidigen. Den Fürsten gefällt das, wie Du Dir vorstellen kannst, nicht. Sie wenden sich an den Kaiser. Der erklärt den Bund der Städte für unrechtmäßig und lässt Ulm belagern. Seine Truppen müssen zwar ohne Erfolg abziehen, aber den Ulmern ist klar geworden: **In einem Krieg wäre die Lage der alten Pfarrkirche draußen auf dem Feld äußerst ungünstig**. Die Gläubigen könnten nicht mehr zur Kirche gehen.
Dazu kommt: **Die alte Kirche untersteht dem Kloster auf der Bodenseeinsel Reichenau**. Alle Spenden fließen dorthin und alle Rechte liegen bei dem Abt. Das stört wiederum die Ulmer. Sie beschließen, ein neues Gotteshaus in der Stadt zu errichten und sich damit von den Reichenauern loszulösen.

Lutz Krafft verhandelt mit dem Klosterherrn. Briefe gehen hin und her. Seit langem besitzt seine Familie das Aufsichtsamt über die alte Pfarrkirche und den Friedhof um sie herum. Weil Lutz außerdem ein kluger und ausgleichender Mann ist, ist er genau der Richtige, sich der heiklen Angelegenheit anzunehmen. Doch bis alle Rechte an die Stadt übergehen, werden noch viele Jahre verstreichen.

Immerhin können die Ulmer schon einmal mit der Verlegung der Kirche beginnen. Nach und nach tragen sie die Steine der alten Mauern ab und lösen die schönen Portalbilder heraus, um sie später in den neuen Bau wieder einzufügen. Sogar der Friedhof mit den alten Gräbern soll an den neuen Ort versetzt werden.

Über die Baugrube haben die Bauleute an einem Seilzug einen schweren Stein gehängt. Den ersten Stein der neuen Kirche! Langsam lassen sie ihn hinunter. Unten steht Lutz Krafft und nimmt ihn in Empfang.

Sobald der Stein auf den Boden gesetzt ist, öffnet der „alte" Bürgermeister seinen Beutel und schüttet alle Silbermünzen auf den Stein. Die anderen machen es ihm nach.
Kein Bischof, kein Fürst oder König haben Geld für den Bau des Münsters gegeben. **Die Ulmer Bürger haben alles selber bezahlt**. Darauf sind sie bis heute stolz!

An dem schönen Junitag 1377 hat es angefangen!

Bald darauf wird dieser Tag auf einem **Relief** festgehalten. Bei einem Relief werden die Figuren aus einem Steinblock so herausgemeißelt, dass sie hinten immer noch mit dem Stein verbunden bleiben. Das Relief, das wir Dir jetzt zeigen wollen, heißt das Grundsteinlegungsrelief. Es befindet sich an einem Pfeiler in der Kirche. Deshalb gehen wir jetzt hinein!

Warum das Ulmer Münster „Münster" heißt

Den Namen **„Münster"** wird die Kirche erst viele Jahre später bekommen. Am Anfang heißt sie einfach nur „Pfarrkirche". Manchmal wird noch hinzugefügt: „zu unserer lieben Frauen". Mit der „lieben Frauen" ist Maria, die Mutter von Jesus, gemeint. Ihr wird die Kirche auch einmal geweiht werden. „Münster" kommt vom lateinischen „monasterium" her und bedeutet eigentlich „Kloster". Im Süden von Deutschland wird das Wort aber für jede bedeutende Kirche in einer Stadt verwendet.

bis 1377

steht die **alte Pfarrkirche** von Ulm vor den Mauern der Stadt.
Die Kirche gehört dem Kloster Reichenau.

1376

14 schwäbische Reichsstädte schließen sich unter der Führung von Ulm zusammen, um ihre Unabhängigkeit zu verteidigen. **Kaiser Karl der IV. lässt Ulm belagern.**

Lutz Krafft verhandelt mit dem Abt von Reichenau über die Ablösung der Rechte an der Pfarrkirche.

1377

Lutz Krafft legt den **Grundstein für die neue Kirche**.

Links siehst Du das sogenannte Grundsteinlegungsrelief, das im Münster hängt.

Auf dem **rechten Bild** ist die Geschichte dargestellt , wie der Grundstein des Münsters gelegt wurde.

Erkennst Du uns wieder?

Der Mann rechts mit dem schweren Gürtel bin ich, **Lutz Krafft**. Mir gegenüber sitzt meine Frau, **Elisabeth Ehinger**. Auf dem Relief halten wir ein Modell von der Kirche in den Händen, wie wir sie bauen lassen wollen.

Wie unterscheidet sich das Kirchenmodell vom Ulmer Münster, wie es heute aussieht?

Die Lösung findest Du auf S. 81.

Auf dem Relief ist noch ein Mann zu sehen. Dem wird die Verantwortung für den Bau der Kirche auf die Schultern gelegt.

Wie schwer seine Aufgabe ist, das siehst Du daran, dass er dabei in die Knie geht.
Es ist der erste Baumeister des Münsters, **Heinrich Parler**.

Von ihm erzählen wir Dir im nächsten Kapitel mehr.

Kapitel 2

Das Münster wird gebaut

Heinrich Parler ist schon ein berühmter Mann, als er den Auftrag bekommt, das Ulmer Münster zu bauen.
Er hat bereits eine Kirche errichtet, für die er überall bewundert wird. Sie besteht aus einer einzigen großen Halle. Die Menschen im Mittelalter, die in engen, dunklen Stuben wohnen, staunen über den weiten, vom Licht durchfluteten Raum. So wünschen sich die Ulmer auch ihr Gotteshaus:
Als hohen, hellen Saal, der an den Himmel erinnert.

Die Gotik

Jede Zeit hat eigene Ideen zum Bau von Kirchen hervorgebracht. Das Münster ist im Stil der Gotik geschaffen. Du erkennst sie an den **spitzen Bögen** über den Fenstern und zwischen den Pfeilern. Mit dem Spitzbogen haben die Architekten der Gotik eine großartige Entdeckung gemacht. Er leitet das Gewicht der Steine nach unten zum Boden. Deshalb braucht er nicht mehr so dicke Mauern, wie sie die Romanik vorher mit ihren runden Bögen noch benötigt hat.
In der Gotik können die Wände von großen Fenstern durchbrochen werden.
Ihre Idee ist: Licht soll in den Raum hereinströmen. Die Wände sollen fast durchlässig erscheinen. Außen und Innen sollen ineinander fließen. Himmel und Erde sollen sich hier berühren.
An sonnigen Tagen erinnert die Kirche wirklich an einen Himmelssaal.

Der Spitzbogen

Zusammen mit zwei Freunden oder Freundinnen kannst Du das selber testen, wenn Ihr Euch aufstellt wie wir.

Erst müsst Ihr zu zweit Eure Hände möglichst rund aufeinander legen. Nun muss der Dritte von Euch versuchen, Euren „Rundbogen" zum Einsturz zu bringen. Vorsichtig natürlich! Er braucht dafür nicht viel Kraft. Viel mehr anstrengen muss er sich, wenn Ihr Eure Hände gegenseitig ineinander faltet und sie spitz nach oben haltet. Das ist der Beweis:

Der Spitzbogen ist viel stabiler!

Jede große Idee braucht auch Menschen, die sie umsetzen können. So ein Mann ist **Heinrich Parler**. Die Ulmer vertrauen ihm. Sie legen ihr riesiges Bauvorhaben auf seine Schultern.
Ein wenig zittern ihm dabei die Knie. Sorgfältig trifft er die nötigen Vorbereitungen.
Für die Handwerker richtet Heinrich Parler eine **Bauhütte** ein, wo sie bei schlechtem Wetter arbeiten und essen können.

Dann schickt er seine **Steinbrecher** los. Sie sollen nach Felsen suchen, aus denen sie die geeigneten Steine schlagen können.

In Donzdorf am Rand der Schwäbischen Alb werden sie fündig. Auf Ochsenkarren werden die mühsam aus dem Fels heraus gebrochenen Klötze nach Ulm transportiert.

Auf einem Backstein ist eine Kinderhand abgedruckt. Das erinnert uns an eine traurige Geschichte: **Schon Kinder müssen im Mittelalter harte Arbeit verrichten** und damit zum Unterhalt der Familie beitragen. Im 4. Kapitel erfährst Du mehr darüber, wie Kinder im Mittelalter gelebt haben.

Auch die Steine der alten Pfarrkirche auf dem Feld werden wieder verwendet. Trotzdem reicht das alles nicht aus, um die Kirche in den geplanten Ausmaßen aufzubauen.

Heinrich Parler findet einen Ausweg. Rings um Ulm gibt es zahlreiche Ziegelbrennereien. Dort werden Backsteine aus Ton in Holzkästen geformt und dann in einem Ofen bei über 1000 °C gebrannt. Aus solchen Steinen lässt der Baumeister die Wandflächen mauern, die kein großes Gewicht tragen, sondern nur die Zwischenräume füllen müssen. Sobald die aus dem Fels gebrochenen Steine in Ulm angekommen sind, machen sich die **Steinmetze** ans Werk. Ihre Aufgabe ist es, den rohen Klötzen eine Form zu geben, damit sie sich in den Bau einfügen lassen.

Steinmetze sind im Mittelalter hoch angesehen. Sie verdienen mehr als alle anderen Handwerker. Dafür müssen sie aber eine lange Ausbildung durchlaufen. Ein Lehrling oder „Hüttendiener“, wie er damals genannt wird, muss mindestens 14 Jahre alt und getauft sein. Seine Lehrzeit beträgt 5 Jahre. Danach wird er „ledig“ gesprochen. Das heißt: er wird von seinem Lehrvertrag losgelöst und zum Gesellen ernannt. Damit erhält er auch **sein eigenes Steinmetzzeichen**. Das meißelt er von nun an in jeden Stein, den er behaut. Der Baumeister sieht daran, wie viele Werkstücke welcher Steinmetz gearbeitet hat und wie viel Lohn er dementsprechend erhält.

Einer der besten Steinmetze am Ulmer Münster hat als Zeichen zwei übereinander gekreuzte Reißnadeln mit jeweils einem Häkchen daran. Wir kennen den Namen des Meisters nicht, deshalb heißt er bei uns einfach der „**Reißnadelmeister**“.

Reißnadel und Schablone

Der Meißel

Mit der Säge schneidet der Steinmetz den Stein auf die benötigte Größe zurecht. Dann ritzt er mit einem spitzen Werkzeug, das an eine große Nadel erinnert, eine Linie in den Stein. Und zwar genau an der Stelle, wo er nachher „reißen“ soll. Deshalb heißt das Werkzeug „**Reißnadel**“. Mit einem Holzhammer, dem sogenannten **Knüpfel**, treibt er die Reißnadel behutsam gegen den Stein, damit er nicht zerbricht. Danach kann er mit gröberen Werkzeugen, dem **Meißel** und einem eisernen Hammer, dem sogenannten Fäustel, weitermachen. Mit dem **Zirkel** nimmt er Maß an einem Stein und überträgt es auf den nächsten, damit beide gleich groß werden. Der Winkel hilft ihm dabei, dass die Seiten gerade werden. Die **Schablone** benützt er, wenn er einfache Figuren, wie z. B. Blätter, aus dem Stein herausarbeiten will.

Meißel und Knüpfel

Der Zirkel

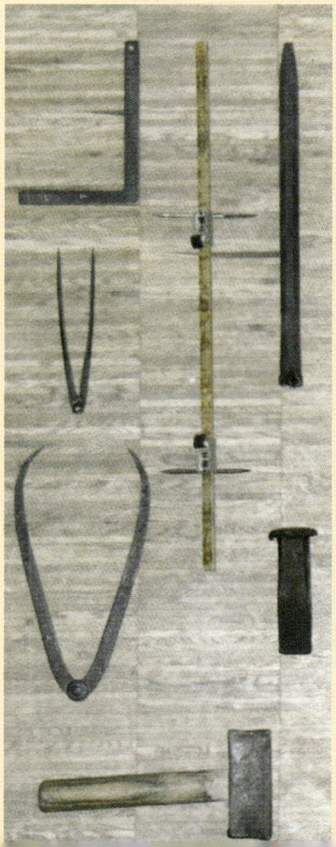

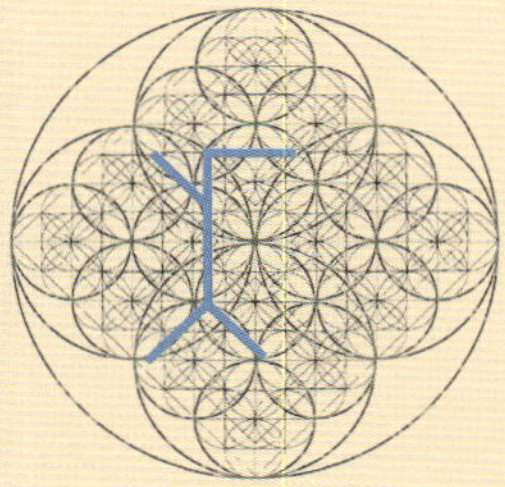

Hier siehst Du zwei verschiedene **Steinmetzzeichen** und aus welcher Form sie entstanden sind.

Diese schöne Frauenfigur hat der „**Reißnadelmeister**" gemacht und mit seinem Zeichen versehen.

Suche weitere Steinmetzzeichen!

Geh doch mal auf die Suche nach solchen Zeichen und male sie hier auf. Mit der Zeit wirst Du sehen: Jedes Zeichen lässt sich in das Schema aus Kreisen und Quadraten einpassen, das Du oben siehst.

Im Mittelalter ist es üblich, dass die Gesellen **auf Wanderschaft gehen**. Sie reisen von einer Baustelle zur anderen. An jedem Ort lernen sie Neues hinzu und bringen ihre Erfahrungen ein. Aber jede Hütte hat auch ihr „**Geheimnis**", was die Baukunst betrifft. Die Wandergesellen verpflichten sich, dieses nicht weiterzugeben.
Über den Gesellen steht der **Parlier**. Das Wort kommt vom französischen „parler" – sprechen, und bezeichnet den Vorarbeiter, der zwischen dem Meister und den Gesellen steht und selber Anweisungen geben darf. Der Name der ersten Baumeisterfamilie am Münster „Parler" leitet sich von diesem Begriff ab.
Will ein Steinmetz Parlier werden, muss er auf Wanderschaft gewesen sein und sich anschließend noch einmal für zwei Jahre in die höheren Kunstfertigkeiten einweisen lassen. Als Parlier kann er sich um eine offene Meisterstelle bewerben. Ob er sie bekommt, darüber entscheiden die Auftraggeber: Fürsten, Bischöfe, Äbte oder, wie hier in Ulm, die Räte der Stadt.

Neben den Steinmetzen arbeiten auch noch Mörtelmischer, Maurer, Dachdecker, Schmiede, Zimmerleute und Glasbläser am Münster mit.

Mit dem Bau startet Heinrich Parler im Osten. Er beginnt mit dem Chor und seinen beiden Türmen.

Beim Beginn des Münsters waren viele Dinge noch gar nicht geplant. Erst 500 Jahre nach Baubeginn wird der Chorturm im Süden fertig.

Der Grundriss

Wenn wir das Ulmer Münster ungefähr einen Meter über dem Boden abschneiden würden und von diesem Schnittbild eine Zeichnung anfertigen, nennt man das den „Grundriss“.
Auf dem Grundriss der Kirche siehst Du alle wichtigen Gebäudeteile. Wir zeigen ihn Dir immer wieder, damit Du Dich besser orientieren kannst.
Aber was tun wir eigentlich, wenn wir uns „**orientieren**“?

Im Lateinischen meint oriens ursprünglich die „aufgehende Sonne“. Wie Du weißt, geht die Sonne im Osten auf. Deshalb nennt man das Land dort „Orient“ oder auch das „Morgenland“. Seit dem frühen Mittelalter ist es üblich, christliche Kirchen nach Osten auszurichten. Der Chorraum und der Altar zeigen fast immer in diese Richtung. **Wir orientieren uns also am Licht**. Jesus hat selber einmal gesagt: „**Ich bin das Licht der Welt**“.

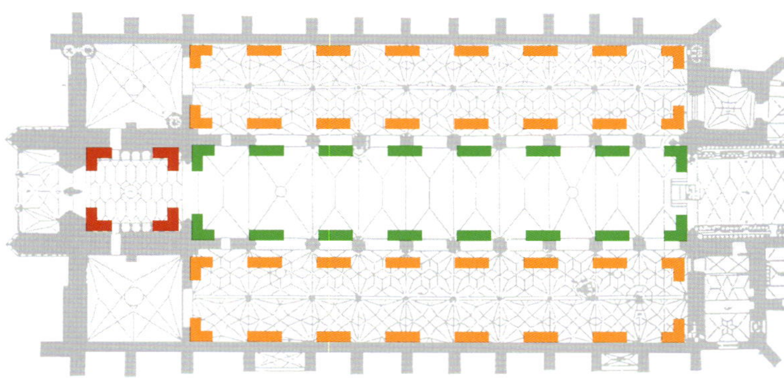

Mittelschiff

Seitenschiffe

Turmvorhalle

Osten

Doch Heinrich Parler ist kein junger Mann mehr. Als er spürt, dass seine Kräfte nachlassen, gibt er die Bauleitung an seinen **Bruder Michael** ab.

Michael reist aus dem 500 Kilometer entfernten Prag an. Auf der Dombaustelle dort hat er viele neue Künste gelernt und selber mit entwickelt. Der Prager Dom ist keine Hallenkirche, sondern eine Basilika. Und Michael Parler möchte auch in Ulm eine solche Kirche bauen. Deshalb ändert er den Plan seines Bruders Heinrich ab.

Den Parlern folgt **Ulrich von Ensingen**. Auch er hat vorher schon an vielen großen Bauhütten gearbeitet. Er baut das Mittel- und die Seitenschiffe nach Westen weiter.

Basilika ist ein griechisches Wort und heißt: königliches Haus. Die Könige im alten Griechenland und Rom haben ihre Thronsäle mit einem hohen Mittelschiff und niedrigeren Seitenschiffen erbauen lassen. Als die Christen immer zahlreicher geworden sind und die privaten Häuser für ihre Versammlungen nicht mehr ausreichten, haben sie diese Form für ihre Kirchen übernommen. **Auch das Münster ist seit Michael Parler als Basilika gebaut**.

Jetzt ist die Zeit gekommen, dass man die Kirche weihen kann.
28 Jahre sind vergangen, seit ihr Grundstein gelegt worden ist.
Im Juli 1405 wird sie unter den Segen Gottes gestellt und dem Schutz der Maria, „unserer lieben Frauen“, und außerdem noch den Heiligen Vinzenz, Martin und Antonius anbefohlen. Von nun an können die Ulmer hier ihre Gottesdienste feiern.
Die Kirchweihe ist ein großes Fest. Alle freuen sich, dass sie nun wieder ein Gotteshaus haben, wo sie sich versammeln und zu Gott beten können.

Stell Dir vor:
Noch ist die Kirche gar nicht ganz fertig gebaut. Da werden hier schon Gottesdienste gefeiert. Im Chorraum baut man wunderschöne bunte Glasfenster ein, während im Westen noch Mauern hochgezogen werden! Keiner von denen, die hier mitarbeiten, wird das Münster jemals fertig sehen. **Aber sie legen ihr ganzes Können und ihre ganze Liebe hinein in den kleinen Teil, den sie beitragen.**

Hier siehst Du den Plan von Ulrich von Ensingen

Im Westen angelangt, plant Ulrich von Ensingen einen **riesigen Turm** und zeichnet auf, wie er ihn sich vorstellt. Er soll ungefähr 156 Meter hoch werden. Das wäre der höchste Kirchturm der Welt. Aber noch ist nicht die Zeit dafür, ihn fertig zu stellen!

Als Nächstes braucht die Kirche ein **schönes Gewölbe**.
Bisher hat sie nur ein behelfsmäßig aus einfachen Balken zusammen gezimmertes Dach. Die Gotik möchte aber, dass man in ihren Gebäuden etwas vom Himmel erahnen kann. Den Himmel stellt man sich in der Zeit als eine Halbkugel vor, die sich über die Erde stülpt. Die Leute im Mittelalter nennen es deshalb das „Himmelsgewölbe". Klar, dass die Decke einer gotischen Kirche dann auch gewölbt sein muss!
Es ist eine große Aufgabe, die Ulrich von Ensingen seinem Sohn **Matthäus** und seinem Enkel **Moritz** überträgt. Beide gehen mutig an die Sache heran.

Wie schaffen sie eigentlich die ganzen Steine nach oben?

Zwei Vorrichtungen helfen den Bauleuten dabei: die **Winde** und das **Laufrad**. Bei der Winde handelt es sich um eine kleine Rolle, über die ein Seil läuft. An das Seil werden Balken oder auch kleinere Steine geschnürt. Über die Rolle wird ihr Gewicht so verteilt, dass man weniger Kraft benötigt, um sie hochzuziehen.

Bei schwereren Lasten kommt zusätzlich das große Laufrad zum Einsatz. Ein oder zwei Mann können darin aufrecht stehen. Durch stetiges Treten bewegen sie das Rad. An ihm ist ein Seil befestigt, das wiederum über eine Winde läuft. Dadurch wird die Kraftanstrengung um ein Vielfaches verringert. Trotzdem müssen sich die Laufknechte noch genug plagen!

Matthäus und später auch Moritz lassen von ihren Bauleuten mit dem Laufrad zuerst Holzgerüste hinauf transportieren. Sie sind in der Form eines Bogens gebaut.

In schwindelnder Höhe werden sie so zusammengesetzt, dass sie den leeren Raum zwischen den beiden Wänden überbrücken. Auf die hölzernen Gerüste werden die rötlichen Steine gelegt, die die Rippen des Gewölbes bilden. Die Rippen sind nicht nur schön anzuschauen, sie tragen auch das ganze Gewicht der Schale, die jetzt mit Backsteinen ausgemauert werden kann.

Der Ulmer Spatz

Wie Du Dir vorstellen kannst, werden für den Bau des Gewölbes mächtige Holzbalken gebraucht. Ganze Baustämme werden quer auf dem Wagen liegend angeliefert. Aber wie bekommt man diese durch ein enges Stadttor?
In Ulm erzählt man sich folgende Geschichte: Ein Spatz, der einen langen Halm quer im Schnabel trug, brachte die rettende Idee. Denn kurz, bevor er durch ein kleines Loch in sein Nest flog, drehte er den Halm. Er hielt ihn nun der Länge nach im Schnabel. So kam er mühelos durch das enge Loch hindurch. Die Ulmer Handwerker machten es ihm nach und stapelten die Hölzer ebenfalls der Länge nach. Nun konnten sie ohne Probleme das Tor passieren.
Dieser Spatz aus Sandstein erinnert an die schöne Geschichte. Er hatte seinen Platz hoch oben auf dem Münsterdach. Heute sitzt ein Spatz aus Kupfer dort. Schon im Mittelalter blickte ein steinerner Vogel vom Dach des Münsters über die Stadt. Vermutlich stellte er aber einen Adler dar, der ein Zeichen für Ulm als freie Reichsstadt war.

Ungefähr hundert Jahre nach der Grundsteinlegung ist das Münster vollständig eingewölbt.
Aber nur zwanzig Jahre hält das Gewölbe. Matthäus Böblinger leitet zu der Zeit die Bauarbeiten.Er hat bisher am Turm weitergebaut und einen neuen Plan für ihn vorgelegt, der sogar noch besser zu sein scheint als der von Ulrich von Ensingen.

Dann passiert etwas, das ganz Ulm in Schrecken versetzt: An einem Sonntag lösen sich zwei Steine aus dem Gewölbe. Es zeigen sich auch schon einige Risse in den Wänden. Außerdem neigen sich die Außenmauern bedrohlich weit nach außen. Die Gewölbe sind viel zu schwer. Das Münster droht einzustürzen!

Obwohl Matthäus Böblinger daran nicht schuld ist, wird er als Baumeister entlassen. Erst 400 Jahre später wird man ihm die Ehre erweisen, die er verdient hat, und nach seinen Plänen den hohen Turm im Westen ausbauen.
Aber dazwischen liegen noch einige Stationen auf unserer Zeitreise.

Nun muss erst einmal ein neuer Baumeister gefunden werden. Er soll das Münster retten. **Burkhard Engelberg** ist dafür der richtige Mann. In Augsburg, wo er schon eine Kirche gebaut hat, hat er sich als hervorragender Techniker erwiesen. Und gerade so jemanden braucht man jetzt in Ulm!
Entschlossen reißt er die Gewölbe in den Seitenschiffen wieder ein und baut sie neu auf. Aber nicht mehr so hoch und so schwer wie die alten. Außerdem fügt er noch einmal eine Reihe von runden Säulen ein, die die Decke stützen.

1377 - 1392

Die ersten Baumeister am Münster stammen aus der berühmten Baumeisterfamilie **Parler**.

1392 - 1419

Ulrich von Ensingen plant als Erster den hohen Hauptturm.
Am 25. Juli 1405 wird das Münster geweiht.

1419 - 1477

Nach ca. 100 Jahren Bauzeit ist das Münster **vollständig eingewölbt**.

Durch den Einbau von runden Säulen wird das Wappen mit dem Reichsadler, das die Freie Reichsstadt Ulm zu jener Zeit neben ihrem eigenen schwarz-weißen Stadtwappen benutzen darf, in zwei Teile geteilt.

Bisher haben wir Dir erzählt, wie man mit dem Bau angefangen hat, wie die Wände gemauert und die Gewölbe eingezogen wurden. Aber natürlich braucht eine Kirche auch Möbel, damit man sie benutzen kann.

Zu den wichtigsten Einrichtungsgegenständen einer Kirche gehören der Altar, der Taufstein und die Kanzel. Im Mittelalter kommen auch noch das Sakramentshaus für das Abendmahl und das Chorgestühl für die Gebete der Priester hinzu. Außerdem schmücken bunte Glasscheiben die Fenster.

Wir zeigen Dir nun, wie das Münster mit solchen Kunstwerken ausgestattet wird.

1477 - 1494

Matthäus Böblinger baut am großen Hauptturm weiter. 1492 lösen sich zwei Steine aus dem Gewölbe.

1494 -1512

Burkard Engelberg aus Augsburg rettet das Münster. Er reißt die Gewölbe in den Seitenschiffen ein und baut sie niedriger und durch eine zusätzliche Säulenreihe verstärkt wieder auf.

Hier findest Du die Bessererkapelle

Kapitel 3

Schau, Du wirst schon empfangen!

Die Kirche wird mit Kunstwerken geschmückt

Ich gebe mir die Ehre, mich vorzustellen:
Mein Name ist **Jörg Besserer**.
Bevor ich Dir unsere Kapelle zeige, möchte ich Dir etwas über unsere Familie erzählen.
Wir Besserers sind **Patrizier**, hoch angesehene Herren.
Wir sind Mitglieder des Stadtrats von Ulm und bestimmen bei allen Entscheidungen mit.
Die meisten von uns sind sehr gebildet und weit herum gekommen in Europa. Meine Handelsgeschäfte führen mich nach Venedig und Mailand, nach Brüssel und Burgund. Wunderbare Malereien habe ich in den Palästen dort gesehen. Landschaftsbilder, die so aussehen, als wären sie wirkliche Natur, und Portraits, bei denen man denkt, man hätte die Person lebendig vor sich. Demgegenüber, muss ich gestehen, kam mir die Kunst, die ich aus unserer Umgebung kannte, altmodisch vor. Aber inzwischen weiß ich: Ich habe ihr Unrecht getan.

Mein Vater, Heinrich Besserer, hat die Kapelle gestiftet. Hier über der Tür siehst Du einen vergoldeten Stein, der an ihn erinnert.
Wir alle in unserer Zeit, ob arm ob reich, sind gottesfürchtige Leute.
Wir ehren Gott und fürchten ihn zugleich. Wir möchten so leben, dass es ihm gefällt. Aber wir fragen uns ständig: Reicht das, was wir hier auf Erden tun, damit er uns einmal bei sich aufnimmt? Oder droht uns die ewige Hölle? Solche Ängste quälen uns. Wir denken auch an unsere Verstorbenen und sehnen uns danach, einmal im Himmel wieder mit ihnen zusammen zu sein.
Die Priester sagen uns: Wenn Ihr Gutes tut und Euer Geld spendet, braucht Ihr weniger Angst zu haben. Deshalb opfern alle, die etwas abgeben können. Für die Armen zu spenden gehört zu den guten Werken, die uns einmal angerechnet werden, sagen uns die Kirchenleute. **Wer es sich leisten kann, lässt Altäre errichten, wo man für ihn betet**.

Ein **Altar** besteht aus einem steinernen Tisch. Darauf befindet sich ein aus Holz geschnitzter Aufsatz, das sogenannte **Retabel**. In der Mitte stehen meistens geschnitzte Figuren. Die **Flügel** auf den Seiten sind mit Geschichten von Heiligen oder Szenen aus der Bibel bemalt. Dafür werden die besten Künstler beauftragt. Sie entwickeln zusammen eine eigene Kunstrichtung, die man die „**Ulmer Schule**" nennt. Laux Hutz, einer der reichsten Kaufleute in Ulm, hat diesen Altar bei dem Künstler Martin Schaffner in Auftrag gegeben. Auf Seite 51 erfährst Du mehr darüber.

Viele Patrizier haben schon vor uns Besserers Altäre oder sogar ganze Kapellen im Münster errichten lassen. Sie bezahlen auch die Priester, damit sie dort für ihre Seelen bitten.

Als mein Vater starb, habe ich die Verantwortung für die Familienstiftung übernommen. Die Fenster unseres kleinen Chors mussten noch verglast werden. Ich habe mich nach Glasmalern umgesehen, die sie im neuen Stil ausführen könnten.
In Ulm gibt es schon seit langem die Glaswerkstatt der Familie Acker.
Jakob Acker hat die ersten Fenster für das Ulmer Münster geschaffen.

Eine **Legende** ist eine Geschichte, die man sich über eine Person, vor allem über einen Heiligen, ausgedacht hat. Meistens hat sie einen wahren Kern. Um ihn ranken sich mit der Zeit immer mehr Wundergeschichten. Die Menschen damals lieben solche Erzählungen, weil sie sich das Leben der Heiligen so besser vorstellen können.

Das **Annen-Marien-Fenster** von Jakob Acker aus dem Jahr 1390 ist ein Meisterwerk seiner Zeit! Den Hintergrund bilden Balkone, Tore und Türme von prunkvollen Palästen. Man nennt diese Kunstrichtung deshalb den „schönen" oder „**höfischen Stil**". Im Vordergrund ist in vielen kleinen Einzelszenen die Legende der Maria und die Weihnachtsgeschichte dargestellt.

Das Fenster ist, wie gesagt, sehr schön. Aber inzwischen sind 40 Jahre vergangen!

Die Kunst hat sich weiterentwickelt. Mir schwebte deshalb für das Chörlein unserer Kapelle etwas anderes vor. Ich wollte keine **Legende** darauf abgebildet haben, sondern nur Geschichten aus der Bibel. Eine **Bilderbibel ganz in Glas**. Und im neuesten Stil sollten die Fenster geschaffen sein. Ich finde, sie sind wirklich gut gelungen. Die Fenster leuchten wie Edelsteine. Sie machen unsere Kapelle zu einem wahren Schatzkästchen!

Komm, sieh es Dir selber an!
Bitte, tritt ein!

Hier siehst Du die Weihnachtsgeschichte im Annen-Marien-Fenster ...

... und hier in den Besserer-Fenstern

Gestattest Du mir, Dich zuerst nach Deiner Lieblingsfarbe zu fragen?

Schreib sie hier auf:

Meine Lieblingsfarbe ist:

Finde deine Farbe!

Nun suche Deine Farbe in den Fenstern!
Wenn Du sie gefunden hast, schau Dir die Scheibe genauer an.

Was siehst Du darauf?

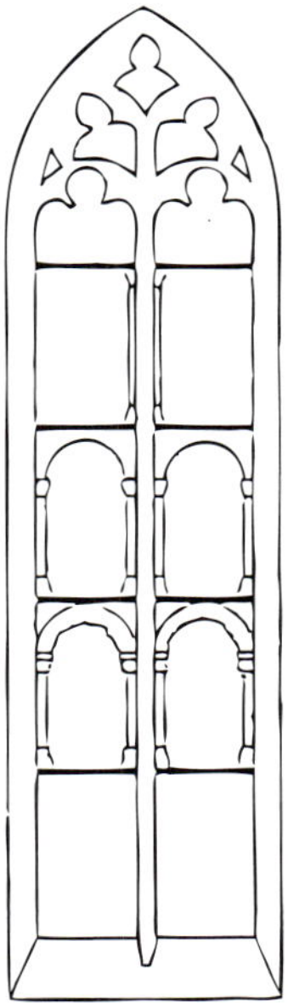

1\.

2\.

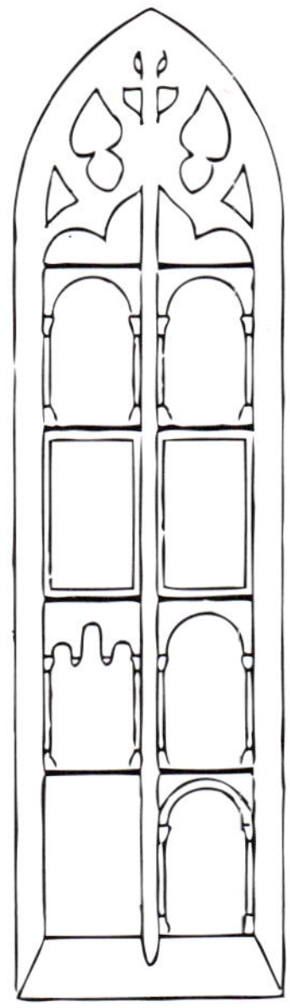

3\.

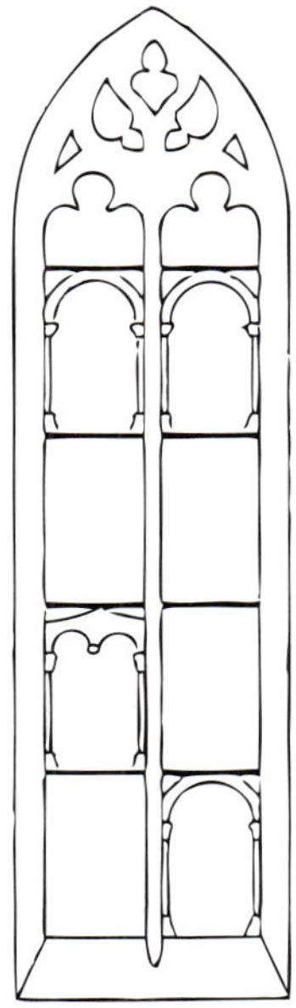

4\.

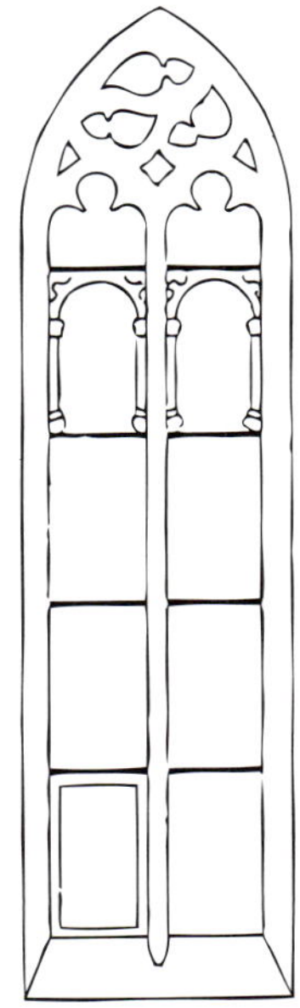

5\.

Nun lass uns die Fenster zusammen anschauen!

Auf dem **ersten Fenster** von links siehst Du Gott mit der Weltkugel. In jeder Kugel ist abgebildet, was er an welchem Tag der Schöpfung erschaffen hat:

Am ersten Tag: Licht und Finsternis.
Am zweiten Tag: Die vier Elemente: Erde, Wasser, Luft und Feuer.
Am dritten Tag: Die Pflanzen.
Am vierten Tag: Sonne, Mond und Sterne.
Am fünften Tag: Vögel und Fische.
Am sechsten Tag : Die Menschen Adam und Eva.

Soweit ist alles sehr gut, sagt die Bibel.

Aber schon das **zweite Fenster** zeigt, wie Adam und Eva von der Schlange verführt werden und vom verbotenen Baum essen. Sie werden aus dem Paradies vertrieben. Kain erschlägt aus Eifersucht seinen Bruder Abel. Auf der Scheibe daneben empfängt Noah in der Arche die Taube. Sie bringt ihm den Ölzweig, um ihm zu sagen, dass die Erde nach der großen Flut wieder bewohnbar ist. Abraham bewirtet die Engel. Sie kündigen ihm die Geburt eines Sohnes an, auf den er und seine Frau Sara schon lange gewartet haben. Ganz unten wird Mose mit seinem Volk bei Nacht von einer Säule aus Feuer geführt und empfängt die Zehn Gebote.

Auf dem **dritten Fenster** kannst Du die Weihnachtsgeschichte erkennen: Ein Engel kündigt Maria die Geburt des Jesuskindes an; Maria besucht Elisabeth; Jesus wird im Stall in Bethlehem geboren. Er liegt in einem geflochtenen Weidenkörbchen wie früher Mose, der aus dem Nil gerettet wurde. Jesus ist selber auf die Welt gekommen, um die Menschen zu retten und ihnen zu helfen. Dann kommen die Heiligen Drei Könige, um das göttliche Kind anzubeten; Jesus wird in den Tempel gebracht, wo die Eltern Gott ein Opfer bringen. Daneben thront in giftigem Grün König Herodes, der um seine eigene Macht fürchtet und deshalb die kleinen Kinder in Bethlehem töten lässt. Aber das Jesuskind wird gerettet. Ganz unten spricht der zwölfjährige Jesus im Tempel zu den Schriftgelehrten und daneben zieht er als Erwachsener auf einem Esel in Jerusalem ein.

Seine Leidensgeschichte erzählt das **vierte Fenster**. Jesus wäscht seinen Jüngern die Füße und feiert mit ihnen das Abendmahl. Er betet traurig im Garten Gethsemane, während seine Jünger schlafen. Judas verrät ihn mit einem Kuss. Er wird gefangengenommen und vor den Statthalter Pontius Pilatus geführt. Petrus leugnet, dass er Jesus kennt. Als es Morgen wird, kräht der Hahn dreimal. Jesus wird geschlagen und bekommt eine Krone aus Dornen aufgesetzt.

Weiter geht es auf dem **fünften Fenster**: Jesus trägt sein Kreuz selber und wird mit Nägeln daran geschlagen. Als er gestorben ist, wird er ins Grab gelegt. Am dritten Tag, dem Ostermorgen, ersteht er wieder auf. Er begegnet Maria Magdalena und fährt schließlich zum Himmel auf. Die Jünger empfangen an Pfingsten den Heiligen Geist, Maria stirbt und wird in den Himmel aufgenommen.

In dem Fenster **ganz rechts**, in der Wand im Süden, ist das Weltgericht dargestellt. Ganz oben ist Jesus als Richter zu sehen. Eigentlich ist es tröstlich, dass er allein und kein Mensch das letzte Urteil über uns fällen kann! **Denn Jesus denkt besser über uns, als wir es selber tun!**

Fenster zum Selbermalen

Hier kannst Du Dir Dein eigenes Fenster malen!

Ist es Dir schon aufgefallen?

Immer zwei Scheiben gehören zusammen. Sie haben den gleichen Rahmen oder Hintergrund. Manchmal hat der Künstler sogar das Chörlein unserer Kapelle dargestellt. Es ist geradeso, als würde das, was auf der Scheibe zu sehen ist, hier und jetzt in diesem Raum und in unserer Familie geschehen!
Die Geschichten, die die Fenster erzählen, werden deshalb zusammen auch ein „**Spiegel**" genannt. Wir sollen unser eigenes Leben darin erkennen, mit den beiden oder noch mehr Seiten, die es ausmachen.
Kummer und Glück, Traurigkeit und Freude, Gefahr und Bewahrung, alles das ist in den Fenstern wiederzufinden.
Bisher gibt es solche Art „Spiegel" nur auf Tafeln oder in Büchern gemalt.
Für uns Besserers hat der Künstler das zum ersten Mal in Glas gestaltet.

Bisher habe ich Dir noch nicht verraten, wer der Glasmaler gewesen ist.
Als ich von einer meiner Reisen zurückkam, bin ich Hans, einem Sohn von Jakob Acker, begegnet. Er hat inzwischen die Leitung der Glaswerkstatt übernommen und mich eingeladen, sie zu besichtigen. Als ich seine Werke sah, bin ich nicht mehr aus dem Staunen herausgekommen. Er muss bei den großen Meistern in Italien, in Belgien und Frankreich gelernt haben. Denn er beherrscht die neuesten Künste!

Wie ein Tafelmaler zeichnet Hans Acker Landschaften auf Glas, die so aussehen, als könnte man darin herumspazieren, und Portraits, bei denen man denkt, man hätte die Person lebendig vor sich. Deshalb nennt man diesen Stil auch den „**spätgotischen Realismus**“.

Bei diesem großen Meister wusste ich die Fenster für unser Chörlein also in besten Händen. Ich bin ihm sehr dankbar und entschuldige mich für mein dummes Vorurteil!

Ach, das muss ich Dir zum Schluss noch unbedingt erklären:

Wir sprechen zwar von **Glasmalerei.** Aber das bedeutet nicht, dass der Künstler mit bunten Farben das Glas bemalen würde. Die Farben werden schon beim Blasen des Glases hinzugefügt. Anschließend wird es zugeschnitten und zusammengesetzt.
Der Glasmaler erstellt für das Fenster einen ersten Entwurf. Stimmt der Stifter diesem zu, zeichnet der Meister in dem Maßstab, den es nachher haben soll, Scheibe für Scheibe mit Buntstiften auf einen Karton auf. Auch die Bleiruten, die die einzelnen Scherben miteinander verbinden sollen, fügt er schon ein.

Nach der Kartonzeichnung schneidet er die einzelnen Glasstücke mit einem im Feuer erhitzten Eisenstift zu und verbindet sie mit den Bleiruten.
Um die Farben abzustufen, schleift er nun das Glas mit zu Pulver verriebenem Stein ab, ein schwieriges und langwieriges Verfahren.

Anschließend trägt er eine schwarze Paste, das sogenannte Schwarzlot, auf, um die Umrisse und Schattierungen von Köpfen und Gewändern herausarbeiten zu können. Teilweise wischt oder radiert er sie wieder aus, bis sie fein genug sind.

Bei unseren Fenstern geht Hans Acker noch einen Schritt weiter: An bestimmten Stellen trägt er nämlich noch Silbergelb auf. Damit kann er die Farbe des Glases von Zitronengelb über Dunkelorange bis Olivgrün verändern. Ganz neue Farbtöne stehen ihm nun auf ein und derselben Scheibe zur Verfügung. Dadurch wirken sie wirklich wie „gemalt“.

Nun bedanke ich mich für Deine Aufmerksamkeit und gebe das Wort weiter. - Und zwar endlich auch einmal an eine Frau!

Mein eigentlicher Name lautet **Persica**.
Aber die Bürger von Ulm nennen mich „die Meisterin".

Sie sehen in mir die Frau des Schreinermeisters, der das Chorgestühl für das Ulmer Münster angefertigt hat.
Dreimal hat er seinen Namen in die Rückwand schnitzen lassen:
„1469 hat Jörg Syrlin dieses Werk begonnen", steht es auf Lateinisch am Anfang der linken Reihe. Und am Ende ist sogar auf beiden Seiten zu lesen: „Jörg Syrlin hat 1474 dieses Werk vollendet".

Die Männerfigur mir gegenüber, die mit der Hand auf sich zeigt, soll meinen Mann, **Jörg Syrlin**, darstellen. Ich finde: Er kann zu Recht stolz auf sein Werk sein!

Entschuldige, ich habe Dir noch gar nicht erklärt, was ein Chorgestühl überhaupt ist und wozu man es braucht.

Also: Hier im Chorraum des Ulmer Münsters siehst Du an den beiden langen Seiten zwei Reihen mit Sitzen zum Hochklappen. Sie nennt man das Chorgestühl.

Die Priester treffen sich hier mehrmals am Tag und auch in der Nacht zum Gebet. Währenddessen dürfen sie nicht sitzen. Die Schreiner haben Erbarmen mit ihnen und fertigen für sie kleine Stützen, an die sie sich anlehnen können.
Nach dem lateinischen Wort für Barmherzigkeit „misericordia“ nennt man sie „Misericordien“ oder auf Schwäbisch: „Erbarmerle“.
Sie sind mit Fratzen oder Fabelwesen versehen. Je garstiger sie schauen, desto mehr fürchtet sich das Böse und hält sich fern, denken die Leute.

Was ich hier tue, ist eigentlich streng verboten. Ich hoffe, Du verrätst mich nicht!
In meiner Zeit dürfen nämlich nur die Kirchenmänner den Chor betreten. Das Volk muss davor stehen bleiben. Schon gar nicht darf eine Frau die Schwelle überschreiten.
Eine Gleichberechtigung von Männern und Frauen kennt man noch nicht.
Da verwundert es umso mehr, dass man mir hier eine geschnitzte Figur gewidmet hat. Und wenn Du Dir die anderen Figuren auf meiner Seite ansiehst: Es sind alles Frauen! Mit zwei

Ausnahmen: Matthäus und Johannes haben sich in der obersten Reihe eingeschlichen. Das sind zwei der vier Evangelisten, die die Geschichten von Jesus aufgeschrieben haben.

Natürlich konnte mein Mann das Chorgestühl nicht allein erstellen. In seiner großen Werkstatt in Söflingen vor den Toren Ulms beschäftigt er zahlreiche Schreiner, Holzschnitzer und Maler. Sie alle arbeiteten an diesem großen Kunstwerk mit. Sache des Meisters war es, das Ganze zu planen, die Ideen zu sammeln, sie umzusetzen und dabei auch die Kosten im Blick zu behalten. Eines Tages tauchte **Michel Erhart** in Ulm auf.

Begeistert berichtete mir mein Mann am Abend von den überragenden künstlerischen Fähigkeiten des jungen Bildschnitzers.
Am nächsten Morgen stellte er ihn an. Michel schnitzte die lebensgroßen Figuren für die Pulte. Etliche Ulmer Bürger und Bürgerinnen erkennen sich heute in ihnen wieder. Michel Erhart hat ihnen genau ins Gesicht geschaut!

Aber die Bildnisse wollen nicht nur reiche Ulmer und ihre Frauen abbilden. Sie wollen über die Zeit hinausweisen und den Weg für ein neues Denken öffnen.

Es sind spannende Jahre in unserem Haus gewesen, bis das Chorgestühl schließlich fertig war.

Nächtelang haben mein Mann und zwei Gelehrte beim Wein darüber beraten, welche Figuren darin wo einen Platz finden sollen. Der eine ist der Stadtarzt **Heinrich Steinhövel**, der andere der Münsterpfarrer **Heinrich Neithardt**. Beide sind Anhänger einer neuen Bewegung, die den Menschen in den Mittelpunkt stellt.
Ich habe nur ein paar Brocken von dem aufgeschnappt, worüber sie sprachen. Aber was ich verstanden habe, hat mich fasziniert.

„Uns geht es um den Menschen", hat Pfarrer Neithardt gleich zu Beginn erklärt. Und Steinhövel, der Arzt, hat hinzugefügt: „Jeder Mensch ist einzigartig und mit besonderen Gaben ausgestattet!"
Dann begannen beide davon zu schwärmen, wie viel die Menschen bereits entdeckt und erfunden haben, was für geniale Kunstwerke sie geschaffen und welch tiefe Fragen über Gott und die Welt sie schon durchdacht haben.

Mein Mann war sichtlich erstaunt über ihre Rede. „Die Kirchenmänner höre ich meistens schlecht über die Menschen sprechen", bemerkte er. „Sie sagen uns, der menschliche Geist sei schwach. Allein die Kirche habe darüber zu bestimmen, was wir denken und glauben sollen. Aber viele uns haben das Vertrauen zu ihr verloren.

Hier siehst Du einige der aufwändig geschnitzten Figuren, die im Chorgestühl zu bestaunen sind.

Die Priester predigen Fasten und stopfen sich die Bäuche voll. Die Leute fangen an, selber nach der Wahrheit und nach echten Vorbildern zu suchen."
„Genau", stimmte Steinhövel zu. „Deshalb suchen wir bei den antiken Gelehrten aus Griechenland und Rom nach Antworten auf unsere Fragen. Von ihrer Weisheit können wir auch heute noch etwas lernen."
„Also", schlug Neithardt vor, „ich finde, **Vergil** muss einen Platz im Chorgestühl bekommen. Schließlich hat er geschrieben, dass das Goldene Zeitalter des Friedens mit der Geburt eines göttlichen Kindes beginnt."
„Aber auch **Pythagoras** als Wissenschaftler", setzte der Arzt Steinhövel fort. „Durch seine Entdeckungen in der Geometrie wurde er berühmt. Weil die Musik ebenfalls mit Zahlenverhältnissen zu tun hat, finde ich, sollten wir ihn als einen Musiker darstellen, der zuerst die Töne erlauscht, bevor er sie auf seiner Laute spielt."
Noch weitere Namen haben die beiden aufgezählt. Aber ich habe sie nicht alle mitbekommen. Aufgemerkt habe ich erst wieder, als mein Mann einwarf: „Gestatten Sie: Was haben diese Herren mit dem christlichen Glauben zu tun? Es handelt sich bei dem, worüber wir nachdenken, doch um das Gestühl in einem Gotteshaus und nicht um Plätze in einem weltlichen Rats- oder Gerichtssaal."
„Gut, dass Sie fragen, Syrlin!", erwiderte Steinhövel. „Ich versuche es Ihnen zu erklären. In der Bibel heißt es: **Alle Weisheit ist in Jesus verborgen**. Stellen Sie es sich so vor: Jesus ist wie die Sonne, die ihre Strahlen auf die Erde schickt und Menschen die Geheimnisse des Lebens erkennen lässt.

Aber alle Weisheit des Glaubens und der Wissenschaft bündelt sich wieder in Jesus - wie die Lichtstrahlen in der Sonne." Alle drei nickten still mit dem Kopf. Es ist spät geworden und sie waren müde.
„Aber was machen wir mit den Frauen, also ich meine mit Figuren von Frauen?", warf der Arzt Steinhövel plötzlich in die Runde ein. Auf einmal sind sie wieder hellwach.
„Frauen? Wie? Im Chorgestühl?", entrüstete sich der Pfarrer.
„Also, wenn ich Sie bisher recht verstanden habe, dann müssen da unbedingt auch Frauenfiguren dran!", meldete sich Syrlin zu Wort. „Wem es um den Menschen geht, der muss auch die Frauen achten!"
„Ja, ja, Sie haben Recht!" gestand Neithardt nach einem Moment des Nachdenkens ein. „Wenn ich mir's überlege, fallen mir sogar gleich welche ein. Natürlich! **Die Sibyllen**! Das sind weise Frauen, die an verschiedenen antiken Tempelstätten die Zukunft vorhergesagt haben.
Später hat man ihre Sprüche aufgeschrieben.
Die alten Kirchenväter haben sie dann auf Jesus hin gelesen. Das ist überhaupt die Idee! Wir geben jeder Figur an den Pulten, ob Mann oder Frau, eine Tafel dazu, auf der ihr Name steht und ein Spruch, der auf Jesus hindeutet!"
„So machen wir's. Darauf lasst uns anstoßen, meine Herren!" sagte Syrlin und erhob sein Glas.

So also bin ich zu meinem Bild im Chorgestühl gekommen.
Michel Erhart hat mich in der Figur der aus Persien stammenden Sibylle dargestellt. Deshalb nennt man mich auch die „Persica".

Wir verabschieden uns nun von Persica, der „Meisterin". Bevor wir aber auf unserer Zeitreise weitergehen, möchten wir Dir unbedingt noch zeigen, wie die Kinder im Mittelalter leben. Das ist sehr unterschiedlich.
Bist Du bereit, einzutauchen in Bilder voller Widersprüche?

1390

Jakob Acker fertigt das erste Glasfenster für das Ulmer Münster im „schönen Stil" an.

ca. 1430

Jörg Besserer lässt die Fenster seiner Kapelle von **Hans Acker** im Stil des „spätgotischen Realismus" verglasen.

um 1450

Von Italien geht eine neue Bewegung aus, die die antiken Künste wiederentdeckt. Später wird man sie die **„Renaissance"** („Wiedergeburt") nennen. Begleitet wird die Bewegung auch von einem neuen Denken, des den Menschen in den Mittelpunkt stellt und viel später als **„Humanismus"** bezeichnet wird - von dem lateinischen Wort „Humanum" – „Das Menschliche".

1469 - 1474

Schreinermeister **Jörg Syrlin** und sein begnadeter Bildschnitzer **Michel Erhart** schaffen das Chorgestühl für das Ulmer Münster. Beraten werden sie dabei von dem Stadtarzt Steinhövel und dem Münsterpfarrer Neithardt, die beide das neue Denken vertreten, das nach dem Menschen und dem Menschlichen fragt.

Suchaufgabe

Findest Du diese Misericordien im Chorgestühl? ☑

A ☐

B ☐

C ☐

Die Auflösung findest Du auf Seite 81.

Kapitel 4

Wie Kinder im Mittelalter leben

Von klein auf werden die meisten Kinder im Mittelalter zur Arbeit der Eltern mitgenommen.

Sie schauen zu, wie die Mutter am Herd die Suppe kocht oder in der Donau die Wäsche sauber schrubbt und der Vater sein Handwerk betreibt:

Wie der Schmied mit seinem großen Hammer das glühende Eisen formt.
Wie der Weber die wollenen Fäden durch seinen Webstuhl schießt.
Wie der Müller aus dem Korn sein Mehl mahlt und der Bäcker daraus das Brot bäckt.
Sobald sie selber mithelfen können, sagen Vater und Mutter: Komm, pack mit an. Wir brauchen jede Hand! Viele Kinder sind stolz darauf, wenn die Eltern ihnen das zutrauen.

Aber am Abend fallen sie todmüde auf ihre Strohsäcke. Ein eigenes Bett hat keines. Sie müssen es mit ihren Geschwistern teilen.

Die armen Waisen- und Fundenkinder, die man irgendwo in den Winkeln der Stadt gefunden und aufgelesen hat, dürfen in der Vorhalle unter dem Turm des Münsters an den Sonntagen und anderen Feiertagen betteln. So hat es der Rat der Stadt bestimmt, damit sie nicht verhungern müssen. Die prächtige Turmhalle ist also von Anfang auch als eine Stube für arme Kinder gedacht. **Sie erinnert daran, dass diejenigen, denen es besser geht, etwas abgeben sollen für die, die nichts haben.**

Viele Kinder müssen auch am Münsterbau mitarbeiten. Schon in den Ziegelbrennereien werden sie gebraucht. Und auch im Gewölbebau sind sie die idealen Arbeitskräfte, weil sie leicht und ihre kleinen Hände geschickt sind.

Die freie Zeit, die den Kindern bleibt, verbringen sie auf der Gasse. Sie erfinden ihr Spielzeug selbst. Mit Steinen und Stöcken denken sie sich Spiele zum Hüpfen und zum Würfeln aus. Dass sie dabei schmutzig werden, kümmert niemanden.
Ob die Kinder glücklich sind? Danach fragt keiner.

Die wenigsten Familien können es sich leisten, ihre Kinder in die Schule zu schicken. Denn die Schule kostet Geld. Deshalb lernen die meisten nie lesen und schreiben.

Besonders schlimm wird es für die Kinder dann, wenn der Vater oder die Mutter krank wird. Dann müssen sie selber für den Unterhalt der Familie mitsorgen.

Aber es gibt auch Kinder, deren Eltern reich sind.

Sie wachsen ganz anders auf als die armen. Um das Essen und Trinken müssen sie sich keine Sorgen machen. Sie haben Spielzeug, von dem andere Kinder nur träumen können: die Kleinen einen Schnuller mit Glöckchen dran, die Größeren ein Steckenpferd. Auch eine Tafel haben sie, auf die sie ihre ersten Schreibversuche kritzeln können. Ja, sie dürfen schreiben und lesen lernen, auch wenn der vornehme Papa sich gar nicht dafür zu interessieren scheint.

Ob diese Kinder glücklicher sind?

Es gibt also große Unterschiede, wie die Kinder im Mittelalter leben. Es erschreckt uns, dass das heute, nach 500, 600 Jahren, noch fast genauso ist. Dass es bei uns arme Kinder gibt, die nichts zu essen haben, und reiche, die auch nicht glücklich sind mit dem, was sie alles haben, weil ihnen vielleicht das Wichtigste zum Leben fehlt: Liebe?!

Laux Hutz hat diesen Altar gestiftet. Der Ulmer Stadtmaler Martin Schaffner hat auf den Flügeln die Verwandtschaft von Maria gemalt. In dem Familienvater links hat er den Stifter abgebildet. Die Gemälde geben Einblick in eine reiche Patrizierstube.

Im Moment spielen die Kinder friedlich.

Aber schon im nächsten Augenblick kann, wie in jeder Familie, der Streit beginnen.

Kapitel 5

Reformation - 1530/1531

Wir sind wieder zurück am Ende des Mittelalters.

Es ist der 16. Juli 1531, ein Sonntag.
Das Münster ist voller Menschen.
Als der Pfarrer zu sprechen beginnt, ist es in der Kirche mucksmäuschenstill. Gespannt lauschen alle auf das, was er sagt.

Sie trauen ihren Ohren kaum. Er spricht ja ihre Sprache! Endlich können sie ihn verstehen.

Er sagt, dass nun alle Brot und Wein empfangen und nach vorn kommen dürfen. Zuerst zögern die Leute. Noch nie durften sie vom Wein beim heiligen Abendmahl trinken. Einige wenige treten vor den Altar. Doch dann kommen immer mehr. Sie strömen so lange, bis alle vom Brot und Wein bekommen haben.

Alle wissen nun, dass das Münster eine evangelische Kirche geworden ist!

Davor wurden die Gottesdienste auf Latein gehalten: **„In nomine patris et filii et spiritus sancti“**.
Die meisten Menschen verstanden davon kein Wort. Wie sollten sie wissen, was da am Altar und von der Kanzel gesagt wurde?
Dieser Mann hat die Veränderung bewirkt: **Martin Luther**.

Er wollte, dass jeder, ob Frau oder Mann oder Kind, ob arm oder reich, selber entdecken kann, was Gott durch die Bibel sagen will. Also übersetzte er die Bibel ins Deutsche.

Darin wird auch erzählt, dass Jesus am Abend vor seinem Tod mit seinen Freunden **Brot und Wein (das sogenannte „Abendmahl“) teilte**.

Im Mittelalter feierte man auch Abendmahl, aber anders als Jesus es tat. Es war üblich geworden, dass die Priester Brot und Wein bekamen und alle Anderen nur Brot. Luther setzte sich dafür ein, dass wieder Brot und Wein an alle verteilt wurde. An jenem Sonntag im Juli geschieht das im Ulmer Münster zum ersten Mal.

Wie Du Dir denken kannst, passierte die Veränderung nicht von einem Tag auf den andern. Sie bahnte sich schon seit längerem an.

Die Gedanken Martin Luthers sind bald auch unter den Gelehrten in Ulm begeistert aufgenommen und verbreitet worden. Der Buchdruck, den Johannes Gutenberg erfunden hat, hat es möglich gemacht, die Schriften Luthers unters Volk zu bringen.

Du erinnerst Dich? Schon viele Jahre vorher haben der Stadtarzt Steinhövel und der Münsterpfarrer Neithardt die Idee vertreten, dass der Mensch selber darüber entscheiden soll, was er denkt und glaubt. Diese neue geistige Richtung bereitete den Boden für die sogenannte „**Reformation**“ vor. Martin Luther wollte die Kirche erneuern („reformieren“) und wieder zu dem zurückführen, was Jesus verkündigte. Der Papst und der Kaiser kämpften gegen die neue Lehre.

Die Stadträte von Ulm zögerten, sich der Reformation anzuschließen. Sie fürchteten sich davor, wie der Kaiser reagieren würde.

Aber die Anhänger Martin Luthers drängten sie, endlich etwas zu tun. Im Jahr 1524 stellte der Rat der Stadt einen Prediger an, der die evangelische Sache vertrat. Der auserwählte Mann ist **Konrad Sam**. Er wurde in einem Dorf an der Donau geboren, hat aber in Ulm die Schule besucht. Studiert hat er dann in der Schweiz. In Ulm lebt ein Stiefbruder von ihm, der Schuhmacher Sebastian Fischer.

Der nimmt ihn mit offenen Armen auf und unterstützt ihn. Das kann Konrad Sam auch gut brauchen. Denn er ist ein streitbarer Mann und hat einige Feinde. **Aber er bringt die reformatorische Sache in Ulm mutig voran**.

Im Oktober 1530 ließ der Kaiser verkünden, dass „alles in der Religion im alten Stand belassen" werden soll. Das konnte und wollte auch der Rat von Ulm nicht einfach hinnehmen. Er ließ die Bürger selber abstimmen.

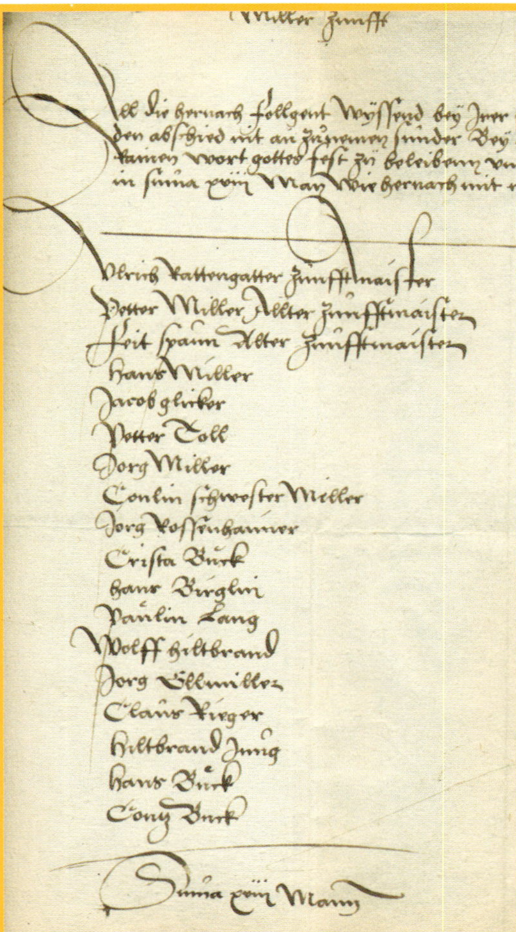

Am 3. November 1530 sprach der Bürgermeister **Matthäus Krafft** zu den Bürgern: Wenn man den Beschluss des Kaisers nicht annimmt und sich also für den neuen Glauben entscheidet, könnten daraus die Zerstörung der Stadt, Schaden und Unehre folgen. Frau und Kinder könnten weggeführt werden. Wenn jemand aber gegen sein Gewissen einwilligt, dann ist es vor Gott nicht recht. So soll jeder selber nach seinem Gewissen wählen.

Jeder einzelne der Handwerkergemeinschaften, den sogenannten Zünften, der Kaufleute und der Patrizier stimmte mit Namen ab. Alle Namen wurden auf Listen geschrieben.

Die Bürger entschieden sich mit einer großen Mehrheit (von fast 86%) für die Reformation.

Damit wurde auch das Münster evangelisch.

Leider hatte das auch eine traurige Seite.

Das **linke Bild** zeigt eine Liste, auf der die Namen der Bürger geschrieben wurden, die für die Reformation waren.

Auf dem **rechten Bild** wird gezeigt, wie Skulpturen, Statuen und Bilder aus den Kirchen entfernt wurden.

Bis dahin gab es im Ulmer Münster über 50 Altäre mit kunstvoll geschnitzten Heiligenfiguren. Die reichen Bürger hatten sie gestiftet, damit dort für sie gebetet und ihre Seele gerettet wird. Stell Dir einmal vor: Überall an den Pfeilern und an den Seitenwänden standen prächtige Altäre, die in leuchtendem Rot, Blau und Gold strahlten. Aber Martin Luther erinnerte daran, dass man sich Gottes Liebe nicht mit Stiftungen und anderen guten Werken erkaufen kann. **Gott schenkt seine Liebe jedem Menschen - und zwar umsonst!**

Dennoch schätzte er die Kunst sehr. Er riet, die Bilder in den Kirchen zu lassen, wenn sie den Menschen beim Nachdenken und Beten helfen. Aber sie sollen nicht die Bilder selber anbeten, sondern Gott.
Auch die Musik liebte Luther. Wenn es nach ihm gegangen wäre, hätte man auch die Orgeln in den Kirchen gelassen.

Aber nicht alle haben das so gesehen. Konrad Sam hatte, wie Du schon weißt, in der Schweiz studiert. Dort waren die Vertreter der Reformation in diesen Dingen viel strenger als Martin Luther. Sie wollten alle Bilder und auch die Orgeln aus den Kirchen entfernen. Damit es im Münster nicht zu einem regelrechten Sturm auf die Bilder kommt, hat der Rat der Stadt die Stifter und Eigentümer aufgefordert, **ihre Kunstwerke am 19. und 20. Juni 1531 abzuholen**. Das Übrige wollte er wegschaffen lassen und an die Armen als Brennholz verteilen. Unter seinen Schutz stellte er ausdrücklich das Chorgestühl. Ihm durfte kein Schaden zugefügt werden.
Dennoch wurden den Figuren die Augen ausgestochen, damit sie nicht mehr so lebendig erscheinen.

Einige Familien, zum Beispiel die Neithardts, haben ihre Altäre und Bilder wirklich „heim geholt auf's Gewölbe", auf den Dachboden, also. Manche hatten kein Interesse mehr an den inzwischen „altmodisch" gewordenen gotischen Kunstwerken und haben sie als „altes Zeug" verfeuert.

Auch die Orgeln im Münster wurden entfernt.

Orgeln im Münster

Seit etwa 1420 gibt es im Ulmer Münster eine große Orgel. Vermutlich baute man bald darauf schon eine zweite, die wie ein Schwalbennest über dem Chorraum schwebte.
Im Jahr 1488 hatte man die alte große Orgel durch eine neue ersetzt. Sie stand zwischen den Pfeilern rechts von der Kanzel. Ihre Seitenteile waren kunstvoll bemalt. Im Juni 1531 wurden sowohl die große Orgel wie auch die kleinere Chororgel zerstört.
Bald darauf hat man das bereut. Knapp 20 Jahre später wurde schon wieder eine Notorgel eingebaut.
Die große Orgel, die Du heute auf der Empore siehst, wurde 1969 fertig gestellt. Sie hat fast 9000 Pfeifen.

Insgesamt gibt es heute im Ulmer Münster fünf Orgeln.

Als man das erste evangelische Abendmahl im Ulmer Münster feiert, sind die Bilder und Orgeln schon weggeschafft. Leer muss die Kirche den Bürgern damals erscheinen, die noch die alte Pracht kennen.

An einigen Stellen im Münster siehst Du noch die **Spuren der Zerstörung**. Zum Beispiel am sogenannten Karg-Altar. Wie schön er gewesen sein muss, siehst Du noch an den Resten der goldenen Engelsflügel.

1450	1521 - 1534	1524	Nov. 1530	Juni 1531	Juli 1531
Johannes Gutenberg erfindet den Buchdruck.	**Martin Luther** übersetzt die ganze Bibel ins Deutsche.	**Konrad Sam** wird der erste reformatorische Prediger in Ulm.	Die **Ulmer Bürger** entscheiden sich mit großer Mehrheit für die Reformation.	Die Bilder und Orgeln werden aus dem Münster entfernt.	Im Münster wird das **erste evangelische Abendmahl** gefeiert.

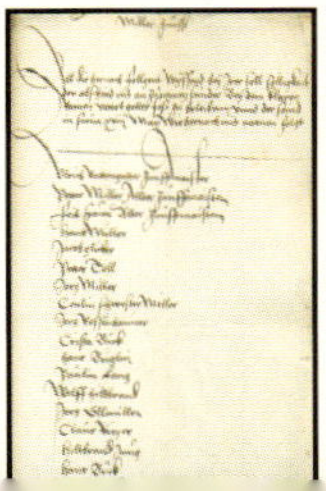

Aber sie freuen sich auch über ihre neue Freiheit im Glauben.

Schon einige Jahre vorher hatte der Rat der Stadt angeordnet, die Arbeiten am Münster einzustellen, um „Kosten zu verhüten".
Im Jahr 1543 wird die Münsterbauhütte geschlossen.

Dreihundert Jahre lang schlummert sie im Dornröschenschlaf.
Das gibt uns Zeit, uns wieder umzuziehen. Denn wir machen einen großen Sprung in der Zeit. Also, halt Dich gut fest!

Das Münster sieht zu der Zeit so aus

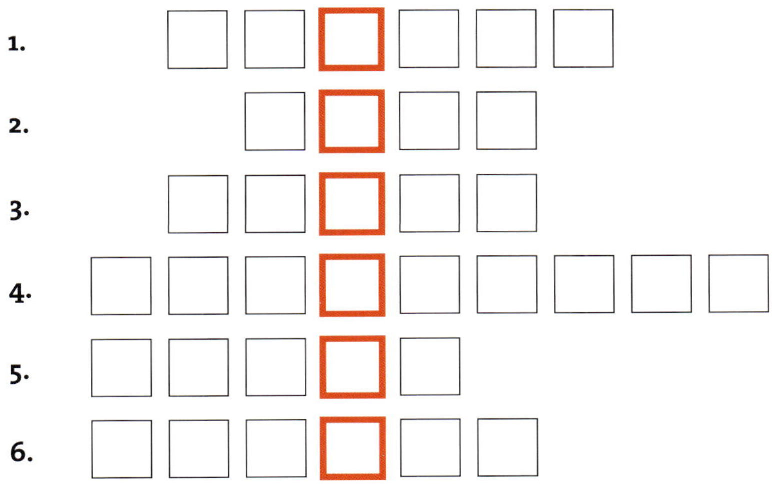

1. Welche Kunstwerke wurden aus der Kirche entfernt?

2. In welchem Monat wurde das erste evangelische Abendmahl im Münster gefeiert?

3. Wie nennt man den Tisch, auf dem beim Abendmahl Brot und Wein stehen?

4. Was hat Johannes Gutenberg erfunden?

5. Welches Buch hat ein berühmter Reformator ins Deutsche übersetzt?

6. Wie lautet der Vorname des Predigers Sam?

Kreuzworträtsel

Wenn Du die Buchstaben in den dick umrahmten Kästchen von oben nach unten zusammensetzt, erhältst Du den Namen eines großen Reformators:

Die Lösung findest Du auf S. 81

Kapitel 7

Turmvollendung - 19. Jahrhundert

Wir befinden uns im Jahr 1890.

Die Ulmer feiern ein großes Fest. Vier Tage lang dauert es. Sie haben allen Grund sich zu freuen. Denn ihr Münster ist vollendet!

Vor einem Monat haben die Bauleute die Spitze auf den großen Turm gesetzt.

Mit seinen 161,53 Metern ist er nun der höchste Kirchturm der Welt.

Alle sind gekommen, um ihn zu bestaunen. Sogar der württembergische König und einige Prinzen, Herzöge und Grafen sind angereist. Für die Tausende von Festbesuchern aus ganz Württemberg hat die Eisenbahn 32 Sonderzüge eingesetzt.

Der **erste Zug** überhaupt in Ulm war vierzig Jahre vorher, im Juni 1850, angekommen.
Für den Transport der vielen Steine, die für den Ausbau des Ulmer Münsters benötigt wurden, war die Eisenbahn eine große Erleichterung.

Kaum zu glauben: Noch 50 Jahre vor seiner Fertigstellung war das Münster in einem schlimmen baulichen Zustand. Die Spatzen, die durch die zerbrochenen Fenster flogen, lenkten die Leute davon ab, der Predigt des Pfarrers zuzuhören, so wurde erzählt. Die Kirche drohte einzufallen. Sie musste dringend restauriert werden!

Dreihundert Jahre lang hat man kaum etwas am Münster repariert. Die Ulmer hatten vergessen, was für ein großartiges Bauwerk sie besitzen, das es wert ist, erhalten zu werden. Erst allmählich wurde ihnen das wieder bewusst. Sie erinnerten sich nun auch daran, dass die Kirche ja eigentlich nicht vollendet ist.

Als der Dichter **Eduard Mörike** im Jahr 1831 Ulm besuchte, nannte er das Münster einen „schauerlichen Block". Da der Turm nicht ausgebaut ist, fehlt ihm das rechte Verhältnis der Maße zueinander, klagte der Schwabe. Doch er fügte hinzu: „Das Fehlende hinzugedacht, ist es unvergleichlich."

Einer der wichtigsten Männer für die Rettung des Münsters war dieser Mann: **Konrad Dietrich Hassler.** Hassler war Lehrer am Ulmer Gymnasium und ein leidenschaftlicher Sammler von Kunstwerken. Er wohnte im Haus genau gegenüber dem großen Münsterportal und hatte täglich vor Augen, wie schön, aber auch wie baufällig diese Kirche ist. Außerdem ist es ihm gelungen, zwei originale Pläne aus dem Mittelalter für den großen Turm im Westen zu kaufen.

Darunter befand sich der **Plan von Matthäus Böblinger**, der dann dem Ausbau des Turms zugrunde gelegt wurde. Später wurde Konrad Dietrich Hassler der erste Denkmalschützer in Württemberg. Er nutzte seinen Einfluss, um

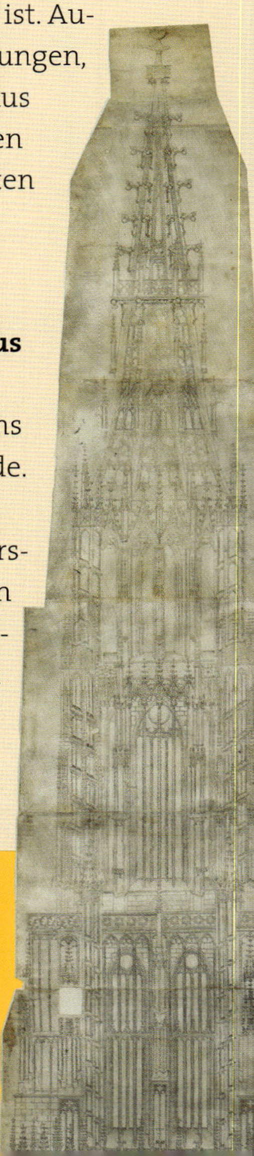

Der Plan von Matthäus Böblinger.

Aus diesen großen Trommeln wurden die Lose der Münsterlotterie gezogen.

als „**Reisender für das größte Haus Deutschlands**“ an den Fürstenhöfen in Berlin und anderen Städten Spenden für das Ulmer Münster zu sammeln. Nicht zu Unrecht wurde er als „Retter des Münsters“ bezeichnet.
Zunächst musste wieder eine Münsterbauhütte mit Steinmetzen, Maurern, Schreinern, Schmieden und Zimmerleuten eingerichtet werden.
Der erste Baumeister, der der neuen Hütte vorstand, war **Ferdinand Thrän**. Als erstes hat er die schlimmsten Schäden behoben und dann die Strebebögen über den Seitenschiffen ausgebaut. Sie waren nötig, damit sich die Wände nicht noch mehr nach außen neigten, wenn auch noch das Gewicht der erhöhten Türme auf ihnen lasten würde.

Allein diese Arbeiten kosteten viel Geld. Ferdinand Thrän überlegte, wie er solches beschaffen könnte. Eine **Münsterlotterie** wurde gegründet.

Die Leute konnten Lose kaufen. Aus großen Trommeln wurde der Gewinner gezogen. Er bekam einen Preis. Der übrige Erlös kam dem Münster zugute.
Ferdinand Thrän war ein Baumeister, der sich sehr für seine Mitarbeiter einsetzte. Er erließ eine **Hüttenordnung**, die ihre Arbeitszeiten regelte.
Das waren zwar im Sommer immer noch 11 ½ Stunden pro Tag (die Pausen nicht eingerechnet).

Die Hüttenordnung der Münsterbauhütte.

Und im Winter hatten sie von Tagesanbruch bis zum Einbruch der Nacht zu arbeiten. Aber immerhin konnte nun nicht mehr von ihnen verlangt werden, dass sie länger schuften, ohne dafür extra bezahlt zu werden.
Der nächste Baumeister war **Ludwig Scheu**. Er baute die beiden Chortürme fertig.
Als am Straßburger Münster der hölzerne Dachstuhl ausbrannte („Dachstuhl" nennt man die Konstruktion aus Balken, die das eigentliche Dach aus Ziegeln oder Kupferblech tragen), waren die Ulmer gewarnt. Sie ließen von Ludwig Scheu den hölzernen Dachstuhl durch einen aus Eisen ersetzen.
Schließlich machte sich **August Beyer** daran, den Turm im Westen zu vollenden.

Was für ein großes Glück der eiserne Dachstuhl für das Ulmer Münster im Zweiten Weltkrieg war, erfährst Du im nächsten Kapitel!

Weil er sehr schwer werden würde, musste sich Beyer überlegen, wie er das Fundament verstärken könnte.

Der Baumeister hatte eine großartige Idee: Er ließ einen Gegenbogen aus schweren Steinblöcken in das Fundament legen und die Wände verstärken. Dann baute er nach dem alten Plan von Matthäus Böblinger, den er nur ein wenig verändert hat, den Turm in die Höhe.

Mit seinen 161,53 Metern ist er gut 4 Meter höher als der Kölner Dom.
Wenn Du Dich in der Vorhalle unter dem Turm auf den im Boden eingelassenen Stern stellst, stehst Du direkt unter der Spitze des höchsten Kirchturms der Welt.

Aber Du weißt ja selbst: Solche Bezeichnungen wie „Der Höchste", „Das Beste", „Die Schönste", „Der Schnellste" allein machen nicht glücklich. Im Leben zählen andere Werte - wie zum Beispiel: Freunde haben, vertrauen können oder zuverlässig sein.
In seiner Festrede sagt der Stadtpfarrer, dass der Turm wie ein Finger die Gedanken zum Himmel Gottes lenken möge.

Über Dir siehst Du ein großes Loch im Gewölbe (das „Glocken-Loch").
Durch dieses Loch wurden die Glocken hinaufgezogen. Schon bevor der Münsterturm in seiner endgültigen Höhe gebaut wurde, hingen dort Glocken an einem Gerüst, das man „Glockenstuhl" nennt.

Auch beim Fest der Vollendung des Münsterturms läuten alle Glocken gemeinsam - wenn auch noch vom alten Glockenstuhl. Aber wen stört das? Nach außen hin ist das Münster vollendet! Darauf ein Prost! Wir erheben noch einmal das Glas und verlassen die fröhliche Gesellschaft. Denn nun geht es ins 20. Jahrhundert!

Auch heute kann man immer noch das sogenannte „**Glocken-Loch**" bestaunen.

Die Glocken des Münsters

Heute hängen zehn Glocken im Glockenstuhl des großen Münsterturms. Neun Jahre, nachdem der Turm fertig gebaut war, wurde der alte Glockenstuhl aus Holz durch einen neuen aus Eisen ersetzt. Daran wurden die zehn Glocken befestigt. Die Älteste von ihnen kann man nur von Hand mit einem Seil läuten: Die Schwörglocke. Sie stammt noch aus der alten Kirche auf dem Feld und erklingt nur einmal im Jahr, wenn der Bürgermeister den Ulmer Bürgern schwört: „Reichen und Armen ein gemeiner Mann zu sein in allen gleichen, gemeinsamen und redlichen Dingen ohne allen Vorbehalt“. Das bedeutet, dass er sich allen Bürgern gleichstellt und für ihr Wohl sorgen will.
Über dem Glockenstuhl hängen noch einmal drei Glocken. Eine davon, die „Uhr- oder Stundenglocke“, schlägt den Ulmern schon seit dem Mittelalter die Stunde.

Das Münster hat also insgesamt 13 Glocken. Neun davon sind an das Geläut angeschlossen. An den hohen christlichen Festtagen wie Weihnachten und Ostern klingen alle neun Glocken zusammen.

1844	1844 - 1870	1871 - 1880	1881 - 1890	Juni 1890	1898
Eine neue Münsterbauhütte wird eingerichtet.	**Ferdinand Thrän** baut die Strebebögen.	**Ludwig Scheu** stellt die Chortürme fertig.	**August Beyer** errichtet den Turm im Westen zum höchsten Kirchturm der Welt.	Die Ulmer feiern ein großes Fest zur **Vollendung ihres Münsters**.	Ein neuer Glockenstuhl aus Eisen wird gebaut.

Kölner Dom

Ulmer Münster

Straßburger Münster

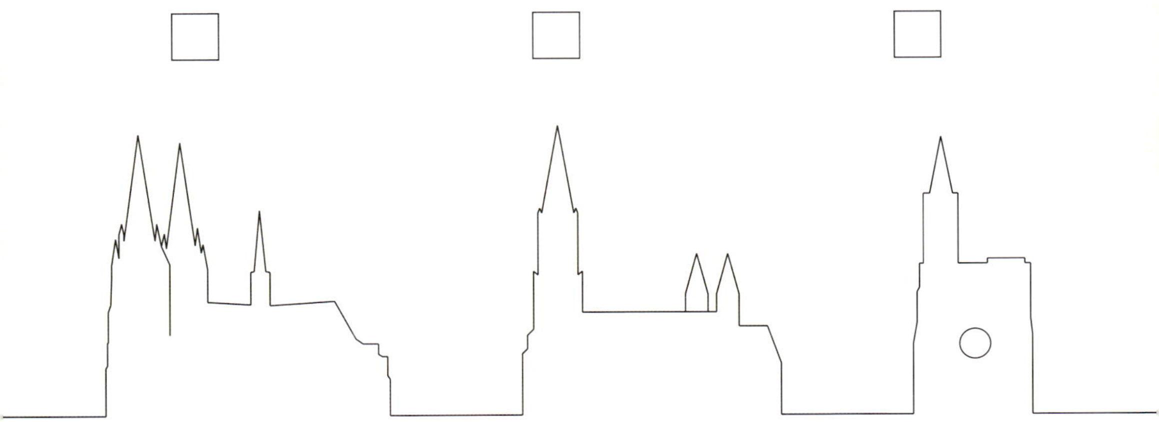

Rätsel

Welche Kirche ist höher?

Schreibe in das Kästchen unter der Kirche eine Zahl:

„**1**“ Für die höchste Kirche der Welt

„**2**“ Für die zweit-höchste

„**3**“ Für die dritt-höchste

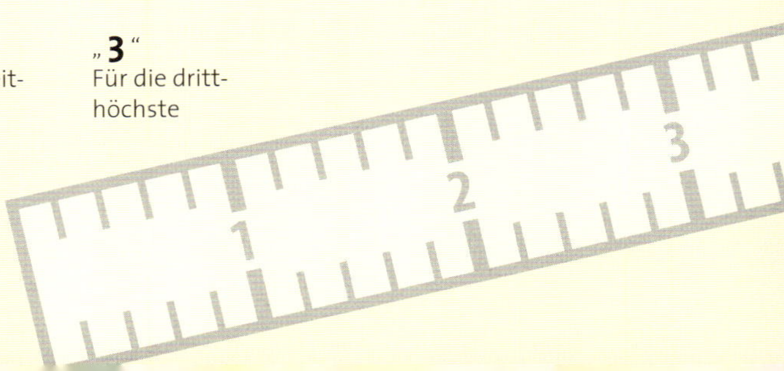

Die Lösung findest du auf S. 81

Kapitel 8

Der zweite Weltkrieg - 20. Jahrhundert

Familie Müller bringt ihr kleines Mädchen Renate ins Münster, um es taufen zu lassen.

Es ist das Jahr 1944.
Seit fünf Jahren herrscht ein furchtbarer Krieg auf der ganzen Welt, den Deutschland begonnen hat. Er hat unendlich viel Not und Leid über die Menschen gebracht. Die Männer müssen in den Krieg ziehen. Inzwischen werden auch schon 16-jährige Jungen eingezogen. Auch zu Hause frieren und hungern die Menschen. Aber das Schlimmste ist die Angst.

Abends müssen sie ihre Fenster verdunkeln. Kein Lichtschein darf nach außen dringen, damit die Flugzeuge aus der Luft die Städte nicht sehen und ihre Bomben nicht über ihnen abwerfen können. Jeden Augenblick kann es Fliegeralarm geben.

Dann müssen alle, so schnell sie können, in einen Schutzkeller gehen.

So sah die Innenstadt von Ulm vor dem Krieg aus.

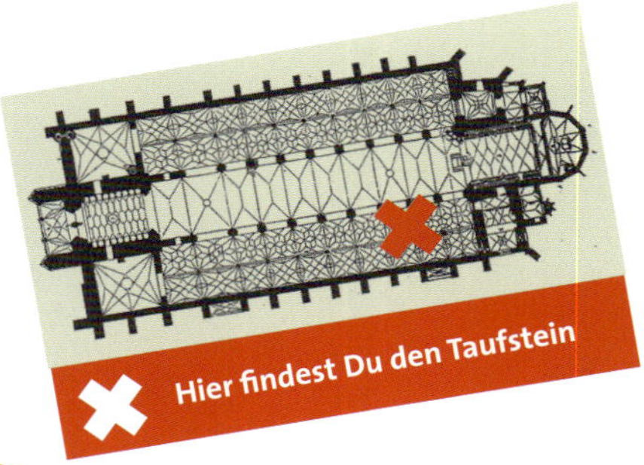

Der Taufstein

Der Taufstein im Ulmer Münster ist über 500 Jahre alt. Das kleine Haus, unter dem er steht, hat drei Ecken. Sie erinnern daran, dass der Täufling auf den Namen des dreieinigen Gottes: des Vaters, des Sohnes und des Heiligen Geistes, getauft wird.
Früher war das Taufbecken ganz mit Wasser gefüllt und die kleinen Taufkinder wurden dreimal im Wasser untergetaucht. Heute stehen bei einer Taufe auf dem abgedeckten Stein eine Kanne und eine Schale, aus der die Pfarrerin oder der Pfarrer das Wasser schöpft.

Aber vorher muss der Deckel nach oben gezogen werden. Dafür muss man **80mal an einer Kurbel drehen**.
Ganz oben auf dem Deckel sitzt ein Pelikan. Die Fabel erzählt, dass er, wenn er sonst kein Futter für seine Jungen hat, mit seinem Schnabel seine Brust aufpickt und seine Kinder mit seinem eigenen Blut ernährt. Deshalb gilt er als ein Zeichen für Jesus, der sein Blut für die Menschen vergossen hat.

Wie viele Kinder und Erwachsene wohl hier am alten Taufstein schon getauft worden sind? Hunderttausende bestimmt. Es war immer dasselbe.
Aber jedes Mal ein besonderer Mensch, jedes Mal ein eigenes Fest.

An jenem Sonntag scheint alles ruhig zu sein.

Familie Müller geht ins Münster hinein. Mit der Taufe von Renate haben sie so lange gewartet, bis der Vater für ein paar Tage Heimaturlaub bekam. Sein Bruder Karl ist verletzt aus dem Krieg nach Hause zurückgekehrt. Er soll der Patenonkel sein, Ilse, die Schwester der Mutter, die Patentante.

Alle haben sich so festlich angezogen, wie es ging. Auch sie spüren den Hunger und die Not. **Aber es ist ihnen wichtig, ihr Kind Gott anzuvertrauen.**

Nun stehen sie am alten Taufstein. Der Pfarrer gießt aus der Kanne Wasser in die Schale. Dann schöpft er dreimal mit seiner Hand Wasser daraus und sagt: „Ich taufe Dich auf den Namen Gottes des Vaters“ - dabei gießt er das erste Mal Wasser über den Kopf des Taufkinds“. Dann fährt er fort: „und des Sohnes“ - dabei lässt er zum zweiten Mal Wasser darüber fließen - „und des Heiligen Geistes“ - und wiederholt das Ganze ein drittes Mal. Dann sagt er: „Renate, du gehörst nun zur Familie Gottes.“ Anschließend wendet er sich an die Eltern und Paten: „**Die Taufe ist ein Zeichen, damit ihr es nicht vergesst, dass ihr zu Gott gehört und keine Macht der Welt euch von ihm trennen kann und euch von ihm trennen soll!**“

Kaum hat der Pfarrer diese Worte gesprochen, ertönt Fliegeralarm. Die Müllers nehmen erschrocken ihr Kind und laufen aus der Kirche, um im Keller eines Hauses nebenan Schutz zu suchen.

Wenige Wochen später.
Es ist der 17. Dezember 1944, der dritte Advent.

Aus dürren Zweigen und den letzten Kerzenresten hat sich Familie Müller einen Adventskranz zurechtgemacht. Die dritte Kerze brennt.
In einer Woche wird Weihnachten sein! Jesus, der Friedensbringer, kommt zur Welt! In diesen schweren Tagen sehnen sich alle sehr nach dem Frieden!
Am Abend, kurz nach sieben Uhr, ertönt wieder **Fliegeralarm**. Schnell stecken Müllers noch ein paar Lebensmittel in den Rucksack, der fertig gepackt für solche Fälle in der Diele steht. **Mit Kind und Rucksack rennen sie los**. Noch bevor sie den nächsten Schutzkeller erreichen, fallen bereits die Bomben. Die Häuser brennen sofort lichterloh. Ein Feuersturm fegt durch die Straßen.

Die Türen des Münsters stehen offen. Familie Müller eilt hinein. Viele Menschen sind schon in der Kirche. Sie ist ihre einzige Zuflucht in dieser Nacht. Es ist ganz still darin. Die Menschen beten, manche weinen leise.

Wie durch ein Wunder bleibt das Münster unzerstört.

Zwar fallen auch auf das Kirchendach Bomben. Aber oben stehen Männer, die die brennenden Teile vom Dach kehren. Auch der eiserne Dachstuhl verhindert, dass das Feuer sich ausbreiten kann.

Vorsichtshalber hat man vorher einige Kunstwerke im Münster geschützt: Die Rückwand des Chorgestühls mit den Figuren wurde entfernt und sicher aufbewahrt. Die Figuren der Gelehrten und der Sibyllen an den Pulten wurden mit Sandsäcken und Holzverschlägen gesichert. Die mittelalterlichen Glasfenster wurden ausgebaut und im Münsterkeller gelagert. Aber die vielen Scheiben, die erst im 19. Jahrhundert von Künstlern geschaffen wurden, konnte man nicht alle schützen. Sie sind unter dem großen Druck der Bomben in tausende Scherben zerbrochen.

Als die Menschen am nächsten Morgen die Kirche verlassen, sehen sie, dass fast die ganze Altstadt in Schutt und Asche liegt.

Allein das Münster ist stehengeblieben. Aus den Trümmern rings herum ragt es wie ein Mahnmal und Hoffnungszeichen zugleich heraus, das die Menschen zum Frieden ruft.

1. September 1939

1. September 1939: Deutschland beginnt den 2. Weltkrieg.

17. Dezember 1944

Ulm wird zerstört, aber das Münster bleibt stehen.

8. Mai 1945

Der Krieg ist zu Ende.

□hr□ s□i G□tt □n d□r
H□□h□ □nd Fr□□d□n
a□f □rd□n.

Rätsel

Setze in den folgenden Satz die fehlenden Vokale (Selbstlaute) ein.

Die Lösung findest du auf S. 81

Kapitel 9

Das Ulmer Münster heute

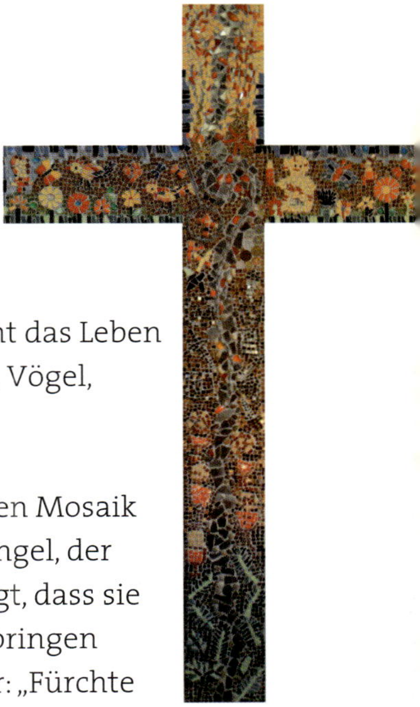

Heute kommen Menschen aus der ganzen Welt in das Ulmer Münster, um den hohen Kirchturm zu besteigen. 768 Stufen sind zu erklimmen.
Viele kommen auch, um von Gott zu hören und ihm nahe zu sein, um zu beten und eine Kerze anzuzünden - an dem Ort, wo Erde und Himmel sich berühren.

Die Kinder der Kinderkirche am Ulmer Münster haben die beiden Mosaike an den Kerzentischen gemacht.
Das Mosaik in der Form eines Kreuzes stellt den Weg dar, den Jesus bis zum Kreuz gegangen ist. Er ist mit vielen Steinen gepflastert.

Mit Palmzweigen und begeisterten Rufen hat das Volk Jesus in Jerusalem begrüßt (Palmzweige unten).
Dort hat er mit seinen Jüngern das letzte Abendmahl gefeiert (Brot und Kelch).
Judas hat ihn für dreißig Silbergroschen verraten (Münzen).
Jesus wurde eine Dornenkrone auf den Kopf gesetzt (Maschendraht).
Dann wurde er ans Kreuz genagelt (Nägel) und ist gestorben.
Drei Tage nach seinem Tod ist er wieder auferstanden.

Mit Ostern blüht das Leben neu auf (Sonne, Vögel, Blumen).

Auf dem anderen Mosaik siehst du den Engel, der Maria ankündigt, dass sie Jesus zur Welt bringen wird. Er sagt ihr: „Fürchte dich nicht!" Das spricht er auch für Dich: Hab keine Angst. Gott ist bei Dir!

Damit sind wir am Ende unserer Reise durch das Ulmer Münster. Wir, die Kinder der Kinderkirche der Münstergemeinde und die Kinder der Theater-AG der Spitalhofschule Ulm, **bedanken uns bei Dir, dass Du uns begleitet hast.**

Wir sagen, wie wir es im Schwäbischen tun, „Adé“! Das heißt: „Auf Gott!“ oder „Gott sei mit Dir!“